Querbeet

Gedanken zur Welt
und
ihren Bewohnern

Gedichte+

Zeichnung Erde von Regine Dietz

Angela Weiland
Berlin, Juli 2013

Inhaltsverzeichnis

Vorwort

Querbeet: Der Titel benennt mit einem Wort den nicht vorhandenen Leitfaden.

Das Buch enthält Gedanken über Umweltschutz und Umweltprobleme, Situationen aus Politik und Wirtschaft, über kriminelles Handeln und menschliche Schwächen, weiterhin Fantasien, Sinnliches und Provokatives.

Im besten Falle regt es zur Kritik, zum Nachdenken und zu Gesprächen an, ohne allerdings den Zeigefinger erheben zu wollen.

Es erhebt nicht den Anspruch, Dinge korrekt zu beschreiben, sondern reißt an, spitzt zu und legt manchmal den Finger in die Wunde.

Erde

Du existierst seit Millionen von Jahren,
nur den Gewalten unterworfen,
die stärker sind als du.

Du lebst,
du veränderst
und du wehrst dich,
wenn du vermessen,
gelenkt
und gezügelt wirst.

Du spuckst,
du brüllst,
du bebst,
wenn du geschunden,
missbraucht
und ausgebeutet wirst.

Was berechtigt den Menschen,
 so mit dir umzugehen?

Zwiegespräch

Du, Erde,
wenn ich mich dir sinnlich nähere,
verbeuge ich mich vor dir,
vor deiner unbeschreiblichen Schönheit,
vor deiner geheimnisvollen Geschichte,
vor deiner unendlich scheinenden Geduld.

Du, Mensch,
wenn ich dein Verhalten betrachte,
kann ich einfach nicht verstehen,
dass du deine Grenzen nicht kennst,
dass du keine Angst vor Konsequenzen hast,
dass du so wenig für deine Nachkommen sorgst.

Du, Erde,
wenn ich mir das vor Augen führe,
möchte ich dich um Verzeihung bitten,
für die Ausbeutung deiner Bodenschätze,
für die Vernichtung deiner Landschaften,
für die Respektlosigkeit im Umgang mit dir.

Du Mensch,
wenn ich darüber nachdenke,
möchte ich dich zur Verantwortung ziehen,
für deine Selbstüberschätzung,
für deine arrogante Ignoranz,
für die Zerstörung deiner eigenen Lebensräume.

Regina Dietz

Halbwissen

Was weiß ich von den Menschen,
wenn ich
die Beschaffenheit ihrer Organe,
die Anzahl ihrer Knochen,
die Funktion ihres Stoffwechsels kenne.

Zuwenig, um zu begreifen.

Aber das, was ich weiß,
nutze ich zur besseren Heilung.

Was weiß ich von der Erde,
wenn ich
die Länge der Meridiane,
die Fläche der Meere
die Zusammensetzung der Gesteinsformationen
kenne.

Zuwenig, um zu begreifen.

Aber das, was ich weiß,
nutze ich zur besseren Ausbeutung.

Umweltschutz

Umweltbewusstes Verhalten-
ein Schritt in die Vergangenheit?

Ökologisch orientiertes Denken-
ein Privileg der Außenseiter?

Jede Verordnung zum Umweltschutz
wird mit einem Aufschrei quittiert.

Wann begreifen die Menschen-
unsere Umwelt zu schützen
garantiert uns eine Zukunft,
die nicht in einer Katastrophe endet.

Wahnsinn

Die sachliche Meldung:
eine Havarie eines Öltankers

Das Ausmaß:
unwiderrufliche Zerstörung

Dein Blick,
stumme Schreie der Angst

Dein Gefieder,
schwarz glänzende Todesnachricht

Dein Leben,
dem Wahnsinn zum Opfer gefallen

Naive Logik

Eins plus eins ist zwei.
Was ich rechts tue, muss ich auch links tun.

Wenn ich das Innere eines Körpers verändere,
ändere ich seine Beschaffenheit.

Wenn ich der Erde Metalle, Kohle, Gas und Öl
entziehe,
hat das doch sicher Folgen?

Darüber redet niemand.
Es scheint nicht wichtig zu sein.

Heimliche Gewalt

Kinder sind Schutzbefohlene,
immer und überall,
doch der Schutz ist ohne Gewähr.

Zu klein, um sich zu wehren,
zu verängstigt, um zu reden,
allein mit der unsäglichen Qual.

Schreie der Verzweiflung,
laute, leise und stumme Schreie,
leider wieder und wieder überhört.

Gebet

Ich bin klein,
mein Herz ist rein,
stelle die stumme Frage:
darf denn das sein?
Amen

Schutz?

Die Familie sollte ein Schutzraum sein.
Wenn nicht hier, wo dann?
Aber für zu viele ist sie ein Zimmer in der Hölle.

Zügellose Triebhaftigkeit vertreibt das
Göttliche.
Zurück bleibt der Teufel im Priestergewand.
Er interessiert sich nicht für die seelischen Nöte
der Kinder.

Vorzeigeschulen, hochgelobt und elitär,
bilden junge Menschen für ihre Zukunft,
und manche zerstören ihre Seelen in der
Gegenwart.

Himmel und Erde, Synonym für Leben und Hoffen

Die Erde lässt mich Wurzeln schlagen,
gibt mir Halt unter den Füßen.
Sie ist mein Nährboden.

Der Himmel ist das Reich meiner Fantasie,
das Zuhause meiner Seele.
Er ist die Garantie für Unendlichkeit.

Ich brauche beides,
um fest verankert über mich hinauswachsen zu
können,
um meine Träume zu leben.

Ich brauche Himmel und Erde,
um mir meines endlichen Daseins
in der Unendlichkeit bewusst zu sein.

Gegensätze

Himmel und Erde sind wie
Licht und Schatten,
Höhen und Tiefen,
Sonne und Mond.

Sie sind aber nicht wie
Krieg und Frieden,
denn Frieden steht für sich allein,
es gäbe es ihn auch ohne den Krieg.

Die Menschen leben auf der Erde
und wissen scheinbar nicht,
dass man den Krieg nicht braucht,
um in Frieden zu leben.

Hoffentlich besetzt der Mensch
nicht auch noch den Himmel,
sonst gingen uns sicher
die letzten Illusionen verloren.

Die Zukunft ist da

Es sind die Geister, die wir riefen
und gegen die wir nun fast machtlos sind.

Gescannt, erkannt, beobachtet, bewertet
ein offenes Buch für jedermann.

Ohne Chance, sich zu verstecken, zu verbergen,
eine Löschung unliebsamer Dinge oder falscher
Rede ist ausgeschlossen.

Es gibt Dinge, die unumkehrbar sind,
dazu gehört unser Lebensprotokoll in den
weltweiten Fängen des Netzes.

Gedanken über Himmel und Erde

Manche Menschen haben den Himmel auf Erden
und fühlen trotzdem kein Glück.

Andere wieder haben die Hölle auf Erden.
Und hoffen auf Erlösung im Himmel.

Einige Menschen leben betend auf Erden,
um in den Himmel zu kommen.

Viele Menschen leben auf Erden und haben
vergessen,
dass es den Himmel gibt.

Es gab und gibt Menschen,
die machen sich zum Herrscher auf Erden.

Es sind oftmals diejenigen,
die sich durch Botschaften des Himmels
legitimieren.

Alle Menschen kennen zumindest einen Teil der
Erde,
aber was ist der Himmel?

Wirtschaftlicher Fortschritt

Du bist wunschlos, das kann nicht sein,
schau dich um, dann fällt dir gewiss etwas ein,
denn mit dem Verhalten schwächst du das
gesamte System,
wir brauchen Zuwachs, es geht nicht ohne den.

Die Werbung arbeitet hart daran,
dass sie dir Wünsche vermitteln kann,
wenn schon nicht nötig, wär's doch gut, es zu
haben,
und sich allein am Besitz zu erlaben.

Es gibt Autos, Küchen, Smartphones und Reisen,
willst du nicht versagen, so musst du dich
beweisen,
ein Fernseher, so groß wie die Wand,
kauf heute, zahl später, sei ganz entspannt.

Mensch, rede dir doch bloß nicht ein,
man könnte ohne diese Dinge glücklich sein,
die Lebensqualität wird bestimmt vom Konsum,
als ewig Gestriger erlangst du keinen Ruhm.

Höher, größer, schneller, weiter,
so erklimmen wir die Weltwirtschaftsleiter,
oder willst du etwa mit dafür verantwortlich sein,
brächen unsere Konjunkturdaten ein?

Erspar uns das Gerede von anderen Werten,
zu philosophieren überlass den Gelehrten,
von denen kannst du ja dann ein Buch erstehen,
stelle es dir ins Regal, dann kann man es sehen.

Gerechtigkeit

Der soziale Frieden benötigt viel
Aufmerksamkeit,
will genährt werden mit moralischen Werten und
Gerechtigkeit.
Dann ist er stark, hält jeder Unterschiedlichkeit
stand,
erträgt arm und reich, sowie Menschen am
äußeren Rand.

Das Problem ist nicht die Verschiedenheit,
Enttäuschung und Frust wird geschürt durch
Ungerechtigkeit,
wenn moralische Werte nicht mehr für alle zu
gelten scheinen,
wird der Nährboden dafür bereitet, dass Neid
und Hass aufkeimen.

Wertschätzung wird den Menschen über den
Lohn entgegengebracht,
wenn dieser nicht zum Leben reicht, werden sie
zu Verlierern gemacht,
steigt sie von der Zahl her stetig an, diese
Schar,
ist der soziale Frieden und damit die Demokratie
in Gefahr.

Soziale Teilhabe hat eine Schlüsselfunktion,
deren Notwendigkeit beginnt im
frühester Kindheit schon,
wird sie nicht ermöglicht, rächt sich das mit den
Jahren,
man kann Demokratie nicht leben, hat man sie
nicht erfahren.

Betrachtung

Luft, L-U-F-T,
Vier Buchstaben nur unseres Alphabets,

selbstverständlich verfügbar, unsichtbar,
erfahrbar im Atem,

von der Wissenschaft gewissenhaft
erforscht, vermessen, bestimmt.

Von Medizinern mit Sauerstoff versetzt
als Heilmittel sehr geschätzt.

Von kranken Lungen
verzweifelt röchelnd, gurgelnd eingesogen.

Von Poeten klangvoll beschrieben,
als wehende Lüfte erfüllt von süßen Düften.

Von der Volksmusik heiter besungen,
fröhliche Stimmung verbreitend.

Mit Aromastoffen angereichert
als Botschaft an das Objekt der Begierde
versandt.

Als Verteiler atomarer Hinterlassenschaften
Unheil bringend für die gesamte Menschheit.

Als Transportmittel des Todes millionenfach
missbraucht,
eine Spur der Vernichtung hinterlassend.

Durch Menschenhand schadstoffgeschwängert,
langsam aber sicher unsere Lebensgrundlagen
zerstörend.

Luft, L- U- F- T,
vier Buchstaben nur unseres Alphabets.

Entwicklung

Ich höre vom Problem der Erderwärmung
und ignoriere.

Ich erkenne die Notwendigkeit des Handelns
und überlasse.

Ich begreife die existentielle Gefahr
und rede.

Ich habe einen Traum
und ahne.

Ich kenne meine Wünsche
und glaube.

Ich entwickle eine Idee
und verfolge.

Ich benenne meine Ziele
und strebe.

Ich beginne zu laufen
und wachse.

Ich gerate ins Stolpern
und überwinde.

Ich gewinne an Sicherheit
und überzeuge.

Ich fordere andere auf
mich zu begleiten.

Ich bin nicht mehr allein
und wir kämpfen

für dich, für mich, für unser aller Zukunft.

Ist das Fortschritt?

Heutige Transportmittel sind die modernsten der
Geschichte,
 und man ist stolz auf Technik und Leistung.

Riesige Armeen und Kriegsmaterial werden
versetzt,
 um anderen Staaten eigene Anschauungen
aufzuzwingen.

Tierherden werden hunderte von Kilometern
entfernt zur Schlachtung gebracht,
 um nach dem Rücktransport als Hackfleisch in
unseren Supermärkten zu landen.

Touristen werden in die entlegensten Flecken der
Erde geflogen,
 zum Ruhm, die ganze Welt gesehen zu haben.

Wie erkläre ich meinem Sohn,
 dass Millionen von Kindern hungern und sterben,
weil es nicht genug Nahrungsmittel bei ihnen
gibt?

Verhältnismäßigkeit

Die Bankenkrise bedroht unsere Wirtschaft.
Wir treffen milliardenschwere Entscheidungen,
gemeinsam und über Nacht.

Die Schuldenkrise bringt das europäische System
ins Wanken.
Wir spannen kurzfristig einen Rettungsschirm
in unvorstellbarer Größenordnung.

Die Zerstörung ganzer Lebensräume bedroht
unsere Erde
und wir planen Gipfeltreffen
für die Suche nach einem gemeinsamen Nenner.

Wirtschaftskrise

Spekulieren geht über studieren,
ohne den eigenen Kopf zu riskieren,
um dann ohne Reue den Boni zu kassieren,
während die anderen ihre Ersparnisse verlieren
und mit ihrem Verzicht das System kurieren.

Brot-mehr als nur gebackener Teig

Ein Krümel nur, der Winter ist so streng,
bettelt der kleine Vogel.
Ein Stück nur davon, der Hunger tut weh,
bittet das Straßenkind.
Eine Spende für die Kollekte "Brot für die Welt",
mahnt die Kirche.
Zwanzig unterschiedliche Sorten sind vorrätig,
verspricht die Werbung.
Täglich frisch muss es sein,
verlangt der Verbraucher.

Tausende Menschen sterben täglich,
weil sie keines haben.

Wir transportieren Satelliten ins Weltall,
warum kein Brot dorthin,
wo es Leben retten könnte.

Brot

Brot-
ein gehaltvolles Grundnahrungsmittel,
von Meisterhand gebacken ein Genuss,
verkommen zu industrieller Massenware
und dadurch seines Geschmackserlebnisses
beraubt.

Brot-
ein Synonym für Leben,
für viele verfügbar im Überfluss,
von Millionen erbettelt,
um das Sterben ihrer Kinder zu verhindern.

Brot-
unser täglich Brot gib uns,
Brot für die Welt,
ein Brotcent für die Kollekte beruhigt unser
Gewissen,
warum ist Teilen so schwer?

Freiheit

Selbstbestimmung ist Freiheit.
Sie hat äußere Grenzen,
durch Regeln, durch Rhythmen, durch
Bedingungen.
Sie hat innere Grenzen,
doch über die entscheide nur ich.

Der Ball

Kinder an die Macht?
Sie sind überfordert mit ihren schutzlosen
Seelen .
Politiker an die Macht?
Die Gefahr des Missbrauchs ist grenzenlos.
Der Ball an die Macht?
Die Liste der Vorteile scheint endlos.

Er ist:

rund wie die Welt,
weltweit anerkannt,
seit Jahrhunderten aktuell,
nonverbal kommunikativ,
für Groß und Klein,
für Alt und Jung,
für Arm und Reich,
für Sport und Spiel,
gesundheitsfördernd,
bezahlbar,
persönlichkeitsstärkend.

Er:

überwindet alle Barrieren,
schult Fairness und Teamgeist,
verbindet West und Ost,
sowie Nord und Süd,
fördert die Integration.

Das Problem:

Er unterliegt menschlichen Regeln und es ist
unklar,
ob es wirklich genügend Unparteiische gibt.

Typisch Mensch

Das ist mein Ball.
Er hat mir den Ball weggenommen. Ich hatte ihn
zuerst.
Mama!

Typisch Kleinkind?

Treuherzige Kulleraugen schauen hoch und
ein braunverschmierter Mund versichert:
"Ich habe die Schokolade nicht gegessen, das
war mein Bruder."

Typisch Kind?

Die Lehrerin ist schlecht und ungerecht.
Die eigenen Leistungen waren besser und man
wurde falsch beurteilt.

Typisch Schüler?

Die Schlägerei haben die anderen begonnen,
selbst hat man sich nur gewehrt. Es gab gar keine
andere Möglichkeit.

Typisch Jugendlicher?

Ich bin nicht schuld,
habe nichts gemacht, an mir kann es nicht liegen.
Ich wurde missverstanden, man hat mir Unrecht
getan.

Typisch Erwachsener?

Wir wurden bedroht. Die Gegner warfen den
ersten Stein.
Mit denen kann man nicht in Frieden leben.
Sie haben unsere Grenzen nicht beachtet.

Typisch Kriegsherr?

Es wäre hilfreich für alle,
auch einmal mit den Augen des Anderen zu
schauen.

(K)eine Sage

Es begab sich zu einer Zeit der unbegrenzten
Möglichkeiten.
Es existierte Gut und Böse, Richtig und Falsch.
Und es gab die Menschen, die darüber urteilten.
Überliefert wurde folgende Geschichte:

Hier gibt es einen Straftatbestand,
ein klares Vergehen gegen bestehende Gesetze.
Bestenfalls gibt es mildernde Umstände.
Der Täter wird bestraft.
Basta!

Dort gibt es einen Straftatbestand,
ein klares Vergehen gegen bestehende Gesetze.
Mildernde Umstände sind klar erkennbar.
Derjenige, der die Tat aufdeckt, wird bestraft.
Basta!?!

Der Täter wird zum Verfolger,
natürlich um die Menschen zu schützen.
Geheiligt wird das Mittel zum Zweck.
Seid doch zufrieden, denn wir erlösen euch von
dem Bösen.
Amen

Stell dir vor

Stell dir vor, du gehst ohne Lohn arbeiten,
um das System aufrecht zu erhalten,
damit Deutschland weiter erfolgreich existiert.

Stell dir vor, ich verdiene Geld,
weil ich die Familie aufrecht erhalte,
und damit den Bestand der Bevölkerung sichere.

Du könntest dich ja trotzdem profilieren,
denn Anerkennung tut gut.

Ich hätte dann endlich einmal Beides,
Anerkennung und Lohn.

Sei nicht traurig,
denn du weißt ja, dass es wichtig ist,
was du tust.
Genügt das nicht?

Herbstflüstern

Herbst liegt in der Luft,

seine Düfte steigen in unsere Nasen,
seine Stimmen erreichen unsere Ohren,
seine Farben spiegeln sich in unseren Augen,
seine Stimmung erreicht unser Gefühl.

Veränderung liegt in der Luft,

die Sonne zieht eine flachere Bahn,
ihre Wärme erhitzt nicht mehr unsere Haut,
ihr Schein entschwindet schneller unseren
Blicken,
ihre Strahlen erreichen seltener unsere Seelen.

Abschied liegt in der Luft,

eine neue Zeit kommt auf uns zu,
Liebgewordenes müssen wir loslassen,
uns bereithalten für das, was kommt,
denn dem Abschied folgt immer ein Beginn.

Noch immer

Noch -	ein Hinweis auf Endlichkeit
noch -	ein Attribut der Gegenwart
noch einmal -	ein Hauch von Sehnsucht
heute noch -	aber ohne Garantie für morgen.

Noch -	Lebe so, dass das "Noch" noch lange währt.
noch -	Erfreue dich deines Lebens, aber gehe sorgsam mit dir um.
noch einmal -	Verharre nicht in hätte, könnte, würde, sondern nutze deine heutigen Möglichkeiten
heute noch -	geht Vieles, wenn auch nicht Alles,

Kunst

Kunst braucht ein Vis à Vis,
sie will gesehen, gelesen oder gehört werden.
Sie verleiht Ausdruck,
sie gibt preis,
sie schafft Freude,
sie heilt Wunden,
und sie lässt uns empfinden.

Kunst überbringt Botschaften,
gelebte oder erdachte,
erlittene oder erhoffte,
anklagende oder versöhnliche,
träumerische oder furchtbare,
und sie lässt uns aufhorchen.

Kunst, die man nicht zugänglich macht,
bleibt unerkannt und geht verloren,
sie erreicht niemanden,
sie entfaltet nicht ihre Kraft,
sie offenbart nicht ihre Schönheit,
sie gibt nicht Anlass zur Auseinandersetzung,
und sie lässt die anderen nicht teilhaben.

Demontage

Wir sind super,
wir sind toll,
tiri, tira, tirallala.

Wir verstehen uns gut,
Probleme gibt es nicht,
tiri, tira, tirallala.

Wir sind besser als die anderen,
wir streiten uns nicht,
tiri, tira, tirallala.

Unsere Fassade ist schön,
wir schützen sie vor Schmutz,
tiri, tira, tirallala.

Ein Knirschen wird hörbar,
das ist nicht möglich,
tiri, tira, tiralla....

Streit-, doch nicht bei uns,
es darf nicht sein,
tiri, tira, tirall....

Schubladen öffnen sich,
sie waren zu voll,
tiri, tira, tira....

Hass bricht auf,
darauf waren wir nicht vorbereitet,
tiri, tira, ti....

Wir wollen uns festhalten,
wissen aber nicht woran,
tiri, tira, ...

Der Boden gibt nach,
die Fassade stürzt ein,
tiri, ti....

Begraben unter Gefühlen,
verzweifelt um Stabilität bemüht,
tiri....

Wo ist die Liebe geblieben,
sie war doch immer da?
ti....

Kontrolle entgleitet uns,
ein Scherbenhaufen liegt uns zu Füßen,
.....

Zu zersplittert, um sie zusammensetzen zu
können,
wo ist unsere heile Welt geblieben?

Wo ist unser hoppsasa?

Meine Träume

Ich habe Träume.
Sie sind in meinem Kopf verborgen.
Von dort aus beeinflussen sie mein Denken,
manchmal unmerklich mein Tun.

Es sind meine Träume,
die ich nur wenigen preisgebe.
Ich kann sie über Jahre in mir tragen,
um mich immer wieder in ihnen zu verstecken.

Meine Träume sind Triebfeder.
Sie eröffnen mir Visionen.
Sie sind der Anfang meines Handelns
und begleiten mich bis zum Ende meines Daseins.

Du bist ein Träumer,-
eher abfällige Worte, Naivität verkündend.
Ich bin froh, dass ich sie habe,
denn sie helfen, meine Welt zu verbessern.

Illusion

Illusion-
wie ein Wolkenkratzer, der auf Sand gebaut
wurde,
wie dünnes Eis, das nicht tragfähig ist,
wie ziehende Wolkenfetzen, von denen man sich
Regen erhofft,
wie ein Monument aus Sand im Sturm,
wie ein Eiskunstwerk in der Wüste,

sie stürzt ein,
sie bricht,
sie fällt in sich zusammen
sie schmilzt.

Eine Illusion erfordert stetigen Einsatz und
Mühe,
um gegen die Realität verteidigt zu werden.

Ich brauche Zeit

Nein.

Du hinterlässt keine Lücke.
Das wäre zu banal.
Du reißt ein Loch.
Ein großes und tiefes Loch.
Man kann es irgendwann sicher verschließen.
Doch vorerst steht kein Material zur Verfügung.
Nach und nach findet man wohl genügend davon.
Vermutlich wird es lange dauern.
Aber die Zeit wird kommen, und es wird gefüllt
sein.
Aber es bleibt sichtbar, sei es auch nur noch als
Schatten.
Keine Füllung wird jemals alle Spuren beseitigen
können.
Ich werde immer erkennen, wo es war.
Wie bei einer Narbe auf der Haut.

Nein.

Noch will ich nicht nach Füllstoffen suchen.
Das wäre wie Verrat.
Ständig blicke ich in den Krater.
Ich suche dich.
Und ich erinnere mich.
An dein Lachen und an unsere Gespräche.
Über Gott , die Welt und uns.
Ich denke an unsere gemeinsamen Erlebnisse.
An unsere Zeit mit geliebten Menschen.
Freude bereiteten die Stunden in Kneipen bei
Rotwein und Wasser.
Es gab das wohltuende Gefühl, das du mich
magst, wie ich bin.
Dass du mich schätzt und mir Anerkennung
entgegenbringst.
Auch das wird mir fehlen.

Nein.

Das alles darf nicht einfach begraben werden.
Also muss das Loch noch bleiben.
Es birgt die Gefahr hineinzufallen und zu
versinken.
Es erspart nicht die Konfrontation mit dem
Schmerz und der Trauer.
Aber es lässt Raum und gibt mir Zeit.
Zeit, die ich benötige, um mich an ein Leben ohne
dich zu gewöhnen.
Es gibt mir die Gelegenheit, mich auf
Spurensuche zu begeben.
Ich will den Schmerz fühlen, um zu begreifen.
Ich will meine Dankbarkeit spüren für die Zeit,
die wir miteinander hatten.
Abschied nehmen geht nicht so schnell.
Noch sind die Tränen nicht versiegt.

Stille- ein letztes Gedicht

Einfach Stille,
niemand mehr, der gegen sie anschreit,
kein Flügelschlag, der sie durchbricht,
kein herabfallendes Blütenblatt, das sie
unterstreicht,

Eine nicht vorstellbare Stille
begleitet den Übergang in die Unendlichkeit.

Eine Kurzgeschichte

Hallo, Taxi

Die Stadt sollte schlafen, aber Berlin wäre nicht
Berlin, wenn nicht auch um diese Zeit Menschen
in Nachtbussen , Autos oder auch zu Fuß
unterwegs wären.
Berlin lebt sogar nachts mit seinen Clubs ,Kneipen
und unkonventionellen Treffpunkten.
Ich möchte in keiner anderen Stadt wohnen, auch
wenn mich die Hektik manchmal fast zum
Wahnsinn treibt.
Ich stehe neben meinem Wagen am Steglitzer
Kreisel, um ein wenig Luft zu schnappen und mit
ein paar Bewegungen die Müdigkeit zu vertreiben.
Mein Blick fällt dabei auf den bekannten
Büroturm, der eines der asbestverseuchten
Problemgebäude in Berlin ist, welches den
Steuerzahler teuer zu stehen kommt.
Ein Funkspruch lässt mich aufhorchen. Ein Kunde
will vom Steglitzer Damm abgeholt werden.
Dort angekommen werde ich schon von einem
jungen Mann erwartet. Ein Blick genügt und ich
habe eine Einschätzung von meinem Gegenüber.
Er ist ein gepflegter, dunkel gekleideter
ernsthafter junger Mann von ungefähr 30 Jahren
mit einer Plastiktüte in der Hand.

Er steigt ein und nennt mir sein Ziel. Er möchte in den Tiergarten, zur Straße des 17. Juni Ecke Bachstraße und ich setze mich in Bewegung.

„Ich hoffe, Sie haben viel Zeit," spricht er mich an. „Ich möchte, dass Sie auf mich warten, wenn ich ausgestiegen bin. Ich habe etwas zu erledigen und will danach wieder nach Hause. Sie bekommen von mir Geld im Voraus, das heißt, Sie brauchen keine Sorge haben, dass ich Sie linke."

Ich habe nicht den Eindruck, dass es sinnvoll wäre, weitere Fragen zu stellen und stimme zu, obwohl mir das Ganze zu dieser nächtlichen Stunde nicht ganz geheuer ist. Lediglich die Seriosität des Mannes nimmt mir viel von meiner Spannung, dennoch beobachte ich ihn aufmerksam.

Den Rest der Fahrt schweigt er, bis er mich zu einem konkreten Ort, der am Rande der Grünanlage liegt, lotst.

Er gibt mir die aufgelaufene Summe und legt noch 50.-€ drauf. Er wirkt jetzt sehr aufgekratzt, wischt sich ständig nervös den Schweiß von seiner Stirn - und bleibt sitzen.

Ich drehe mich um und sehe ihn erwartungsvoll an. „Sie wissen, die Uhr läuft. Geht es Ihnen gut?"

„Darf ich mich zu Ihnen nach vorn setzen?,
erwidert er, ohne mir eine Antwort auf meine
Frage zu geben."
Ich kann ihm die Bitte nicht abschlagen und
stimme zu. Es wäre gelogen, wenn ich eine
gewisse Neugierde abstreiten würde. Meine
Müdigkeit ist völlig verflogen. Ich bin jetzt
hellwach.
Als ich den Motor abstellen will, bittet er mich,
ihn laufen zu lassen.
Mein Fahrgast lässt sich auf dem Beifahrersitz
nieder und starrt gebannt in eine Richtung.
Ich versuche zu sehen, was er sieht, aber da ist
nichts. Nach einigen Minuten, die mir wie eine
Ewigkeit vorkommen, beginnt er zu reden.
„Es war hier, genau vor zwei Jahren. Wir haben
da drüben am Hauseingang gestanden und uns
versteckt. Sie haben richtig gehört, wir haben
uns versteckt," erklärt er mir mit brüchiger
Stimme. Er versucht nun gar nicht mehr, seine
Tränen zurückzuhalten.
Ich verstehe zwar nicht, was er mir damit sagen
will, aber ich merke, wie ich mich auf die
Situation einlasse. Zeit und Umstände sind mir
egal.

„Es war 1.30 Uhr in der Nacht vom Freitag zum Samstag. Mein Freund und ich waren auf einer Féte, aber da es uns nicht gefiel, beschlossen wir, weiterzuziehen.

Wie immer waren wir ohne Auto unterwegs, um wegen des Alkohols nicht in Konflikte zu kommen. Auf der Suche nach einem Taxi passierte es vor unseren Augen.

Eine Gruppe von ungefähr zehn Jugendlichen schlug und trat auf einen schon am Boden liegenden Mann ein. Das Gebrüll der Meute war ohrenbetäubend laut und hasserfüllt. Wir liefen zum nächsten Hauseingang, um uns zu verstecken, bevor wir von ihnen wahrgenommen werden konnten.

Die Angst saß uns im Nacken und erst, als wir uns in Sicherheit fühlten, riefen wir über das Handy die Polizei."

Heftig schluchzend und zitternd am ganzen Körper stockt er immer wieder, um dann umso erregter weiterzureden.

„Es war furchtbar. Ein Alptraum. Sie schlugen und traten immer weiter.

Die waren scheinbar im Blutrausch, wie wilde Tiere. Nein, schlimmer als Tiere.

Wir blieben im unserem Versteck, und es schien eine Ewigkeit zu dauern, bis wir endlich die Sirenen hörten und dann auch die Horde der Schläger weglaufen sahen .

Die Besatzung des Notarztwagens kümmerte sich um den Verletzten und nachdem offensichtlich die medizinische Erstversorgung abgeschlossen war, wurde er abtransportiert.

Vermummte Polizisten verteilten sich und suchten die Gegend ab.

Ein Polizist nahm per Handy Kontakt zu uns auf und holte uns aus unserem Versteck ab.

Gemeinsam fuhren wir zum Revier.

Der Beamte kochte erst einmal eine Tasse Kaffee und versuchte uns zu beruhigen. Dann befragte er uns und nahm das Protokoll auf.

Da wir etwas weiter weg vom Ort des Geschehens gewesen waren, konnten wir aber leider nur wenig zur Aufklärung beitragen. Die Nacht war mondlos gewesen und die mickrige Straßenlaterne stand auch mehrere Meter entfernt und brachte nur wenig Licht ins Dunkel. Auch eine Durchsicht der polizeidienstlich erfassten Personen blieb erwartungsgemäß ohne Ergebnis.

Unser Verhalten wurde von dem Polizeibeamten nicht kritisiert, sondern eher in seiner Richtigkeit bestätigt. Die Devise lautet, Hilfe anzufordern, ohne sich selbst in Gefahr zu begeben. Es war wohltuend zu hören, dass wir uns keine Vorwürfe machen müssten, aber es brachte keine wirkliche Erleichterung.

Die Polizei fuhr uns nach Hause. Wie betäubt saßen wir beide auf der Rückbank und sprachen unterwegs kein Wort miteinander.

Zu Hause angekommen, entluden sich die Emotionen. Wir heulten und redeten und konnten die ganze Nacht kein Auge zumachen. Ich lief ständig zur Tür, um zu kontrollieren, dass sie auch wirklich verschlossen war und schaute immer wieder beim kleinsten Geräusch aus dem Fenster. An Schlaf war auch die nächsten Nächte kaum zu denken, außer wenn uns die Erschöpfung für kurze Zeit übermannte. Jedes Mal, wenn ich die Augen schloss, spulten sich die kaum zu ertragenden Bilder vor meinen Augen ab.

Wir hatten mehr Fragen als Antworten im Kopf und stellten unser Verhalten in Frage, um es im nächsten Moment wieder zu rechtfertigen. Allerdings konfrontierten wir uns ständig mit

unserer Feigheit und machten uns die bittersten Vorwürfe. Immer und immer wieder gingen wir die Situation in allen Einzelheiten durch.
Im Radio erwähnten sie den Vorfall dann in den morgendlichen Nachrichten.
Unsere schlimmsten Befürchtungen bestätigten sich drei Tage später, als wir durch die Medien über den Tod des fünfundzwanzigjährigen jungen Mannes erfuhren.
Er erlag seinen schweren Verletzungen, ohne noch einmal das Bewusstsein wiedererlangt zu haben. Verstehst du, sie haben ihn totgeprügelt und wir haben zugesehen."

Schweigend habe ich zugehört. Das Taxameter und auch den Motor habe ich längst abgestellt.
Ich bin erschüttert von dem , was er mir erzählt hat. Mir fallen die hitzigen Diskussionen von damals wieder ein, als dieser Fall durch die Medien ging.
Die Emotionen haben mich nun aber auf einer anderen Ebene ergriffen. Ich sehe ihm in die Augen. „Was hättet ihr denn tun können? Die hätten euch doch auch noch totgeschlagen." Die förmlichen Anrede ist längst der persönlichen gewichen.

„Was ist mit den Widerstandskämpfern im Dritten Reich? Die haben sich auch nicht feige versteckt und tatenlos zugeguckt, sondern versucht, aktiv das Geschehen zu beeinflussen. Glücklicherweise gab es auch solche Menschen. Ich habe heute zwar mehr Verständnis für die Feigheit einerseits , die wir immer so verurteilt haben, aber andererseits empfinde ich Ablehnung, Abscheu und Ekel für die stille Masse. Das sind nunmehr aber nicht nur die anderen, denn wir gehören nach diesem Vorfall dazu. Mir zeigt es auch noch einmal den Unterschied zwischen Theorie und Praxis, zwischen Denken und Handeln."

Da sitze ich also mit einem wildfremden Mann nachts im Tiergarten in meinem Wagen auf der Suche nach Erklärungen, Lösungen und persönlichen Wertevorstellungen.

Unsere Standpunkte wechseln zwischen Verteidigung und Anklage, aber auch mir gelingt es nicht, ihn zu entlasten. Ich bin mir noch nicht einmal sicher, ob es diese geben kann.

Die Diskussion hat ihm aber offensichtlich gut getan, denn er ist ruhiger geworden.

„Ich steige jetzt aus, um eine Kerze aufzustellen. Kannst du mit laufendem Motor auf mich warten? Ich fürchte mich auch diesmal wie im letzten Jahr, dass sie mich beobachten könnten. Aber ich bin es ihm schuldig, meine beschissene Angst zu überwinden und wenigstens eine Kerze aufzustellen."

Bevor er aussteigt, suchen wir die Dunkelheit von unserem sicheren Platz aus nach irgendwelchen Auffälligkeiten ab und ich starte den Motor.

Er öffnet den Wagen, springt hinaus, hält einen Moment inne, strafft seine Schultern und läuft langsam und gesetzt ein paar Schritte weiter. Dann entzündet er die Kerze und stellt sie behutsam auf den Boden. Er verharrt noch eine ganze Weile , bevor er sich wieder zu mir ins Auto setzt. Er macht jetzt einen ganz ruhigen Eindruck. Er scheint in diesem Moment mit sich im Reinen zu sein.

Dann ergreift er wieder das Wort.

„Ich bin heute noch froh, dass ich zur Beerdigung des Mannes gegangen bin. Auch habe ich mit der Familie gesprochen, aber wir haben den Kontakt nicht fortgesetzt.

Wir wussten wohl alle nicht, wie wir miteinander umgehen sollen.

Ich habe es mir zur Aufgabe gemacht, mich in Zivilcourage zu üben. Weißt du, ich setze mich intensiv mit den gemeldeten brutalen Übergriffen auseinander und frage mich jedes Mal, wie ich mich als Beobachter verhalten hätte. Auch einen von der Polizei angebotenen Deeskalationskurs habe ich noch zusammen mit meinem Freund besucht, aber wirklich viel weitergebracht hat es mich nicht.

Kürzlich kam mir in den Sinn, eine Suche nach Gleichgesinnten im Internet zu starten, obwohl ich befürchte, dass diese auch von unerwünschten Personen gelesen wird und wir damit in deren Ziellinie geraten könnten.

Ich begreife die wahnsinnige Brutalität und Hemmungslosigkeit nicht. Ich weiß, dass die Wissenschaftler Erklärungen liefern, aber mir reichen sie einfach nicht aus."

Das Schlimme ist, dass man bis heute die Täter noch nicht einmal gefunden hat und zur Verantwortung ziehen konnte. Somit kennt auch niemand die Hintergründe dieser Tat.

Es bleibt die Frage: W A R U M ?"

Es entsteht eine längere Pause und mit seiner Zustimmung fahre ich los.

Unser Gespräch führen wir während der Heimfahrt weiter. Er erzählt mir, dass er sich zwölf Monate nach dem Mord von seinem Freund getrennt hat.

„Die Beziehung ist daran zerbrochen. Wir nahmen unsere Umwelt völlig anders wahr.

Jedes laut gesprochene Wort ließ uns zusammenzucken. Um Gruppen machten wir einen Riesenbogen, in der Dunkelheit gingen wir nicht mehr auf die Straße und unsere zuvor propagierte Leichtigkeit des Seins war verlorengegangen.

Wir waren auch nicht mehr die gern gesehenen Stimmungsgaranten, und Familienangehörige, sowie Freunde bescheinigten uns eine Persönlichkeitsveränderung.

Jeder ging aber davon aus, dass die Wandlung nur vorübergehender Natur sein würde. Aber nach einem Jahr mussten wir feststellen, dass uns das Geschehen nicht zusammengeschweißt, sondern voneinander entfernt hat. Wir waren einfach nicht mehr die Männer, die wir uns ausgesucht hatten. Ich möchte mich auf keinen Fall selbst bedauern, aber ich bekomme mein Leben seitdem nicht mehr richtig in den Griff.

Aber was ist das schon im Gegensatz zu dem Preis, den das Opfer zu zahlen hatte." Eine Weile schweigen wir.

Meine normale Distanz ist völlig verloren gegangen. Ich bin mittlerweile ein Teil seiner Geschichte und vermisse noch nicht einmal meine Professionalität im Umgang mit diesem besonderen Fahrgast.

Es ist einfach etwas ganz Anderes, davon in der Zeitung zu lesen oder auch im Radio oder Fernsehen die Berichte zu verfolgen. Das Thema hat eine besondere Nähe und Brisanz bekommen. Die Betroffenheit ist viel fühlbarer.

Die Vorstellung, ihn einfach abzusetzen, nach Hause zu fahren und mich ins Bett zu legen, um zu schlafen, scheint mir momentan fast unmöglich.

Seit sechs Jahren fahre ich Taxi und habe die unterschiedlichsten Erfahrungen mit Fahrgästen gesammelt. Einige waren witzig, ernsthaft, nett, verschlossen oder gesprächig, manche verhielten sich frech und unverschämt, andere waren wissbegierig und suchten in mir einen Stadtführer.

Ein Auftrag und Fahrgast wie heute ist mir aber noch nie begegnet. Er hat eine ganz andere Seite in mir angesprochen. Ich bin aus der Rolle des lockeren, flapsigen typischen Berliner Taxifahrers geschlüpft und bin nur noch ich selbst.

Ich halte vor seiner Haustür. Die Fahrt hat mich sehr erschöpft und ein Blick auf die Uhr fordert meine Ungläubigkeit heraus. Dreieinhalb Stunden sind vergangen und ich frage mich, wo die Zeit geblieben ist.

Mein Fahrgast gibt mir die Hand. „Ach so, ich bin übrigens Chris und möchte mich bei dir für dein offenes Ohr und deine Hilfe bedanken. Was schulde ich dir?"

„Also ich bin Thomas und du hast bereits bezahlt."

Chris lächelt mich das erste Mal an. „Danke. Ich hätte allerdings gern deine Telefonnummer. Wäre es zu viel verlangt, wenn du nächstes Jahr die gleiche Fahrt wieder mit mir antrittst?"

Eine Antwort darauf fällt mir gar nicht schwer. „Klar, mache ich das."

„Ich danke dir." Chris steigt nach dem Austausch der Telefonnummern aus und ist kurz danach im Hausflur verschwunden.

Ich setze mich in Bewegung und sehne mich nun doch nach einer Mütze Schlaf.

Ich hoffe, dass ich meine Gedanken ausblenden kann.

Nachdenklich beende ich meinen nächtlichen Dienst.

Nach den Touren verschwende ich für gewöhnlich keine Gedanken mehr an die meist flüchtigen, oberflächlichen Begegnungen. Einzelne Episoden dienen höchstens noch dem Smalltalk.

Diesmal ist es anders. Einfach abhaken geht nicht.

bereits erschienen:

Gefühlte Texte

Aus meinem Leben mit einer chronischen Erkrankung

Gedichte

Angela Weiland, Mauer Verlag, Rottenburg, 2008
ISBN - 978-3-86812-153-7

Das Heute zählt

Wenn Menschen ihre Erinnerungen verlieren,
geht oftmals weit mehr verloren,
da es für die Umwelt unerhört schwer ist,
den Verlust zu begreifen und zu akzeptieren.

Gedichte

Angela Weiland, BOD Verlag, Norderstedt, 2010
ISBN - 978-3-8423-5789-1

Geschichten zum Mitmachen

Rätsel müssen gelöst werden,
damit die Erzählung weitergeht

8 Geschichten für Kinder(4-6Jahre)

Angela Weiland, BOD Verlag, Norderstedt, 2010
ISBN - 978-3-83914-201-1

**Pendelverkehr zwischen
Himmel und Hölle**

Eine schwere, wenn nicht sogar lebensbedrohliche
Erkrankung ist ein extremer Einschnitt im Leben.
Ich habe die Verzweiflung und die Hoffnung,
das ständige Auf und Ab der Befindlichkeit, sowie die
Zerrissenheit ihrer Empfindungen miterlebt.
In meinen Gedichten bringe ich die ge- und erlebten
Gefühle zum Ausdruck.

Gedichte

Angela Weiland, BOD Verlag, Norderstedt, 2013
ISBN-978-3732239238

**Aktives Zuhören
Kleine Geschichten in Reimen**

zum Vervollständigen
für Menschen mit Demenz

Angela Weiland, BOD Verlag, Norderstedt, 2013
ISBN-978-

Herstellung und Verlag:
BoD - Books on Demand, Norderstedt
ISBN 978-3-7322-8750-5